Aventura en
La Habana

Serie
Aventura joven

Título
Aventura en La Habana

Autores
Elvira Sancho y Jordi Surís

Coordinación editorial
Pablo Garrido

Redacción
Roberto Castón

Diseño e ilustración de cubierta
Àngel Viola

Diseño interior
Jasmina Car y Óscar García Ortega

Ilustraciones
Roger Zanni

Material auditivo
Voz:
Bryan Álvarez

© 2014 los autores y Difusión, Centro de Investigación y Publicaciones de Idiomas, S.L.

ISBN: 978-84-16057-27-6

Depósito Legal: B-08101-2014

Impreso en España por RARO

difusión

Centro de
Investigación y
Publicaciones
de Idiomas, S. L.

C/ Trafalgar, 10, entlo. 1ª
08010 Barcelona - España
Tel.: (+34) 932 680 300
Fax: (+34) 933 103 340
editorial@difusion.com

www.difusion.com

AVENTURA JOVEN

Aventura en La Habana

ELVIRA SANCHO
JORDI SURÍS

difusión

PRESENTACIÓN

La serie **Aventura joven** narra las aventuras que vive un grupo de amigos adolescentes: Mónica, Guillermo, Laura, Sergio y Martín. A través de sus historias, los vas a ir conociendo y, al mismo tiempo, vas a descubrir muchos aspectos del mundo hispano.

A lo largo de la lectura de **Aventura en La Habana**, hay una serie de notas que te van a ayudar a comprender mejor el texto y te van a explicar algunas interesantes cuestiones culturales, referentes a Cuba.

Recuerda que, para entender un texto, no es imprescindible conocer el significado de cada una de las palabras: intenta comprender el texto en su totalidad y disfruta al máximo de la lectura.

Además, tienes a tu diposición la historia grabada por una voz cubana, actividades para después de la lectura y sus soluciones en **difusion.com/aventura-habana.zip**.

¡Disfruta de la historia!

CAPÍTULO 1

—Ahora vamos a ver que más nos dicen los caracoles[1]...

Laura escucha en silencio a Miguelito, el santero, que estudia con atención los caracoles que están sobre la mesa.

—A ver..., ¿qué es eso...?

Miguelito mira con atención los caracoles.

—Hay dos hombres en tu vida.... —dice finalmente.

—¡Ah! —exclama Laura con interés—. ¿Quiénes son?

—Vamos a ver... —Miguelito ahora parece preocupado—. Hay algo oscuro en ellos.

—No sé quiénes pueden ser... —dice impaciente la chica.

—Uno de ellos tiene algo en la cara...

—¿Qué tiene en la cara?

—Una cicatriz[2], quizás.

—¿Una cicatriz?

—Así es —dice Miguelito—. Laura, m'hijita[3], ve con cuidado, son peligrosos.

—Pero yo no conozco a nadie con una cicatriz en la cara —insiste Laura.

Miguelito es un mulato[4] de unos 50 años, de aspecto tranquilo y cabello gris. Su casa está en una planta baja. Es una casa oscura con muebles viejos. Una escalera lleva a una habitación pequeña donde Miguelito tira los caracoles y habla con sus clientes.

---

1 **caracoles**: concha de molusco que se utiliza en la santería cubana para prede-
cir el futuro.

2 **cicatriz**: señal que queda en la piel después de curada una herida o llaga.

3 **m'hijita/o**: (mi hijita/o) expresión cariñosa para referirse a alguien.

4 **mulato**: moreno, mezcla de razas blanca y negra.

—No los conoces —explica Miguelito—. Son extranjeros, están llegando a Cuba...

—¿Y por qué son peligrosos?

—Tienes algo suyo.

—Miguelito, yo no tengo nada de nadie.

—Son peligrosos, Laura —insiste Miguelito—. ¡Ten cuidado!

—¿Y qué tengo qué hacer? —pregunta la chica.

—Yo voy a rezar[5] por ti, para protegerte...

—Bueno, gracias... —dice Laura que no cree en lo que le dice el santero[6].

Miguelito coge un trozo de papel y escribe unas palabras. Luego dobla el papel.

—Si tú quieres —dice dándole el papel a la chica—, puedes hacer estos trabajos. Si no los haces, yo rezaré por ti igualmente.

[5] **rezar**: dirigir a Dios o a personas santas oraciones de contenido religioso.

[6] **santero**: sacerdote de la santería, conjunto de creencias en los poderes de los santos de las religiones afrocubanas y en el de su intermediario o santero.

CAPÍTULO 2

—Robert, ¿cómo está tu madre? —pregunta Caridad, una cubana delgada y de mirada amable.

Están sentados en la sala de estar de la casa de Caridad, en la Habana Vieja, en el cruce de la calle Amargura con la calle Aguacate. Allí, la mujer vive con Julito, su marido, que en este momento está jugando al ajedrez con unos amigos en la calle. También viven la pequeña de sus tres hijas, Yulaimy, y su suegro.

—Mamá... ¡Ummmh...! *She is dead. Morir* —contesta Robert, que solo habla un poco de español.

—¡Ay, *m'hijito*, pobre Mercedes!

La madre de Robert era cubana. Robert tiene 30 años y es la primera vez que está en Cuba. Su madre, Mercedes, y Caridad eran hermanas, pero Caridad no sabía nada de Mercedes desde que ésta se fue a Europa, de joven.

En la Habana Vieja las calles son estrechas y los edificios antiguos y hermosos. En la esquina de la calle Amargura con Aguacate unos hombres juegan al ajedrez.

Una chica joven se acerca a ellos.

—¿Quién gana, papá? —pregunta.

—No sé, hija. Hoy Manuel está muy fuerte —responde un hombre delgado de bigote blanco. La mira y sonríe. Luego continúa con su partida.

—¡Hasta ahorita! —dice la chica.

La chica entra en el portalón¹ del edificio y cuando sube las escaleras se encuentra con otra chica, más o menos de su edad, pero más bajita, que lleva una bolsa de plástico en la mano.

---

1 portalón: puerta grande que cierra un patio descubierto.

—¿A dónde vas, Odalys? —pregunta la chica.

—A casa de mi novio —dice esta. Luego mira a su alrededor—. Mira qué bonitos. Me los ha regalado la gallega[2] que está en casa.

—A ver, a ver... ¿Qué es?

—Son unos *jeans* —dice Odalys mostrándoselos.

—¡Qué bonitos!

—Sí, pero, son demasiado grandes para mí.

Cuando la chica entra en su casa, su madre está hablando con Robert, el pariente inglés que vive en Estados Unidos y ha venido a visitarlos. Es hijo de la hermana de su madre. Entonces, Robert es su primo. Ella no sabía que tenía un primo inglés.

Este le está explicando algo a su madre.

—Yo... niño —dice bajando la mano.

—¡Ah! —exclama Caridad—. Tu mamá murió cuando eras un niño.

—Sí.

—¡Hola! —dice la chica entrando en la habitación.

—Hola, Yulaimy —la saluda el chico.

—Yulaimy, amor, prepáranos un cafecito[3] —le pide Caridad.

La chica va a la cocina para preparar un café.

—*Now...* —continúa el chico—, vengo ver a mi familia cubana.

Poco después, Yulaimy entra en la habitación con unos vasos y una vieja cafetera.

—¡El café...! —dice la chica.

—Robert, ¿le pones mucha azúcar al café? —pregunta Caridad.

—No, poco.

—Aquí le ponemos mucha azúcar al café...

—¿Estás bien en tu habitación? —pregunta Caridad.

Han dejado la habitación de Yulaimy para Robert. La chica duerme ahora en la sala de estar, en el sofá.

---

[2] **gallega**: española. Los gallegos son la colonia de inmigrantes españoles más numerosa de Cuba en particular y de América Latina en general.

[3] **cafecito**: diminutivo de café. En Latinoamérica se utilizan con frecuencia los diminutivos.

—Sí, habitación perfecta. *OK!* ¿No problema, Yulaimy?

En la habitación están la ropa y las cosas de la chica.

—No te preocupes por Yulaimy, *m'hijito.* Ella duerme bien en todas partes —dice Caridad.

—Sí, duermo bien en el sofá —dice la chica sonriendo. Yulaimy tiene 16 años y siempre está sonriendo y de buen humor.

—Yulaimy... —dice Robert—. ¡Qué nombre! ¿Típico Cuba?

—¿Yulaimy? Como en inglés, *m'hijito* —explica Caridad.

—¿Inglés? —Robert no comprende.

—Sí, como en inglés. Yu–lai–my.

—¿Yulaimy?

Yulaimy los mira divertida.

—*Yulaimy in english, "you like me"*—dice la chica, que estudia inglés en la escuela—. *"You... like... me..."* —repite despacio—. "Te gusto".

—*Ah! You like me* —finalmente Robert lo comprende—. ¿Te gusto? ¿Te llamas "te gusto"? ¡Ja, ja, ja...!

CAPÍTULO 3

Cuando sale de casa del santero, Laura camina un poco por la calle Soledad hasta llegar a la calle San Lázaro. Gira a la derecha y sigue por esta calle. A Laura le sorprende el olor a gasolina que hay en la ciudad. Finalmente gira a la izquierda hasta llegar al Malecón. Allá, el olor ya es del agua de mar.

Hace un día de sol muy bonito, pero con un poco de viento, que mueve el pelo largo de la chica.

Laura tiene 16 años, es delgada y alta. Tiene el pelo rubio y lo lleva largo. Está en La Habana de vacaciones con sus amigos Sergio, Martín, Mónica y Guille.

Ella se aloja con Sergio en la Habana Vieja, en casa de la familia de unos amigos cubanos que viven en Barcelona. Los otros están en un hotel.

Cuando la chica llega al Malecón, ve a un chico con gafas que está sacando fotos del mar. Es Sergio.

—¿Cómo te ha ido con las fotos?— pregunta la chica.

—Muy bien —contesta Sergio—. He tomado muchas fotos.

Sergio es aficionado a la fotografía. Está aprovechando sus vacaciones en la isla para sacar fotos de lugares y personas interesantes. Quiere hacer una exposición en su ciudad. Aunque Sergio es argentino, hace años que vive en Barcelona. También tiene 16 años y lleva gafas.

—Mira, te las muestro —dice el chico sacándose las gafas.

Los chicos se sientan en el ancho muro que separa el Malecón del mar. El Malecón de La Habana es un paseo muy largo que se extiende al lado del mar. Laura empieza a mirar las fotos. En la cámara digital de Sergio las fotos se ven muy bien y son muy bonitas e interesantes. Después los chicos miran un rato en silencio el mar escuchando el sonido de las olas. Con el olor salado del mar ya no se nota el olor de gasolina de la ciudad.

—¿Y a ti? —pregunta de repente Sergio— ¿Cómo te ha ido con el santero?

—¡Muy bien! Ha sido súper interesante —contesta Laura volviéndose hacia el chico.

—¿Qué te ha dicho?

—Me ha adivinado cosas de la infancia. Por ejemplo, de un accidente que tuve de niña. Me ha hablado de mi relación con mi madre. Me ha preguntado si canto en un grupo de música.

—¿De verdad?

—¡Sí! Le he dicho que tengo un grupo de rock y que también toco la guitarra.

—¿Y qué más te ha dicho?

—Que tengo un carácter fuerte...

—¡Mmmm...! —exclama el chico.

—...pero un poco superficial. Sergio, ¿tú crees que tengo un carácter superficial?

—No, lo que pasa es que no te complicas la vida. Nunca has tenido un problema de verdad.

—¿Y tú qué sabes? —protesta Laura.

—Bueno, es que...

—Ya sé, ahora lo recuerdo —le interrumpe la chica—. Miguelito me ha dado un trozo de papel. Me ha dicho que tengo un problema grave.

—¿Un trozo de papel?

—Sí —contesta la chica buscando en el bolsillo de sus pantalones—. Después me ha dicho... —la chica no termina la frase—. Vamos a ver qué pone el papel.

Laura abre el papel y lee.

—¿Qué pone? —pregunta Sergio con curiosidad.

Laura mira el papel por los dos lados, sorprendida.

—No entiendo nada —dice.

—Pero, ¿qué pone? —insiste el chico.

Laura lee en voz alta.

—"Una cabra[1] viva, una gallina[2] viva, una botella de aguardiente[3], tabaco, fósforos[4]..." ¿Qué es esto?

—Parece la lista de la compra —se ríe Sergio.

—Me dijo que era un "trabajo".

—Seguro que es para hacer un ritual —dice Sergio—. Los santeros matan animales y escupen alcohol. Lo he visto en la tele.

—¡Qué horror!

Cuando llegaron a La Habana, Odalys, la hermana de unos amigos cubanos de Barcelona, les habló de la santería y de los santeros. Laura quiso ir a uno y Odalys le habló de Miguelito: "Es un buen santero y buena gente", le dijo.

El agua del mar se mueve con lentitud. El viento mueve el pelo de la chica. Detrás de ellos, la ciudad se mueve a su ritmo peculiar.

—¿Para qué es este "trabajo"? —pregunta Sergio.

—No sé... —contesta Laura—. ¡Ah, sí! Para protejerme de dos hombres peligrosos, uno de ellos tiene una cicatriz en la cara...

—¿No crees que ese santero quiere sacarte el dinero?

[1] **cabra:** animal mamífero doméstico, pequeño, con cuernos arqueados, criado principalmente por su carne y leche.

[2] **gallina:** ave doméstica criada principalmente por su carne y sus huevos.

[3] **aguardiente:** bebida alcohólica muy fuerte que suele ser incolora, como el agua.

[4] **fósforos:** cerillas, varillas de madera con una cabeza inflamable utilizadas para encender fuego.

CAPÍTULO 4

El avión procedente de Miami, vía Santo Domingo, ha aterrizado[1] a la hora prevista. Los pasajeros van pasando por el control de la aduana y salen a la zona de "Llegadas". Hay mucha gente esperando. Los pasajeros van saliendo. Algunos saludan a sus familiares que les han venido a recibir, otros van a la zona de taxis. Entre ellos, dos hombres vestidos con pantalones cortos y camisa de flores se dirigen a la zona de taxis y esperan. Uno es alto, lleva el pelo largo y gafas de sol. El otro es más bajo y gordo, y tiene una cicatriz en la cara.

—¡Maldita sea[2]! —exclama Peter, el hombre bajito— *What a shit!*

—*Shit!* —responde el otro rascándose el brazo izquierdo— ¿Es en este lugar donde tenemos que esperar?

—*Yes, that's rigth...!* ¿Qué tenemos que hacer ahora, huevón[3]?

—Solo esperar, pinche[4] —contesta Tom, el hombre alto de gafas oscuras.

Peter lo mira enfadado. Tom se rasca de nuevo el brazo izquierdo.

—¡Me pica el brazo, pinche! —exclama.

—Para de rascarte todo el tiempo, ¡por el amor de Dios!

Mientras esperan, los taxis van recogiendo a algunos pasajeros. Una mujer se acerca a ellos y les ofrece un taxi que por 15 CUC[5] les lleva a La Habana. El hombre bajito dice que no con la mano.

---

1 **aterrizar**: tomar tierra un avión o sus pasajeros.
2 **maldita sea**: expresión coloquial de enfado.
3 **huevón**: palabra usada en Chile para referirse a una persona en general.
4 **pinche**: en México, idiota, inútil.
5 **CUC**: peso convertible, moneda de Cuba sin valor legal internacional.

Poco después se acerca un hombre que camina dando saltitos. Lleva bigote y sonríe.

—Su taxi, señores —les dice—. ¡Síganme!

Peter y Tom se miran en silencio. Luego le siguen.

—¡Maldita sea, Tom, maldita sea! —exclama en voz baja Peter.

—*Shit!* —contesta este.

—Para de hablar en inglés. Tú no eres un gringo[6], tú eres un huevón de Valparaíso[7].

—Para, pendejo[8]. Yo vivo en Nueva York, USA.

—Yo también, huevón, pero...

—Suban, por favor —les interrumpe el hombre del bigote.

Se han parado delante de un coche hermoso, de los años cincuenta, grande y reluciente. A su alrededor hay coches europeos modernos esperando clientes.

—¡No me lo puedo creer! —exclama Peter, al ver el coche.

—Precioso *cago* —le dice Tom al cubano de bigote, hablando con acento inglés.

—¿*Cago*? ¡Ah!, ¡carro[9]! Sí, muy bonito, es un Chevrolet de los años 50. ¿Hablan ustedes español?

Los hombres suben al coche.

—*Yes* —responde Peter—. ¡Hablamos español!

—*And do you speak Japanese?* —pregunta Tom.

—¡Tom! —le dice Peter, enfadado.

Pero el hombre de bigote no les escucha. Está intentando arrancar el Chevrolet.

Del aeropuerto a la ciudad hay unos 20 minutos. Antes de llegar, el hombre para el coche en medio del camino. Saca de la guantera[10] un objeto envuelto en papel de periódico.

---

6 **gringo**: en español de Latinoamérica, estadounidense.

7 **Valparaíso**: ciudad situada en la costa central de Chile.

8 **pendejo**: idiota, tonto.

9 **carro**: en español de Latinoamérica, coche, automóvil.

10 **guantera**: compartimento en la parte interior delantera del coche para almacenar objetos de primera necesidad, como documentos.

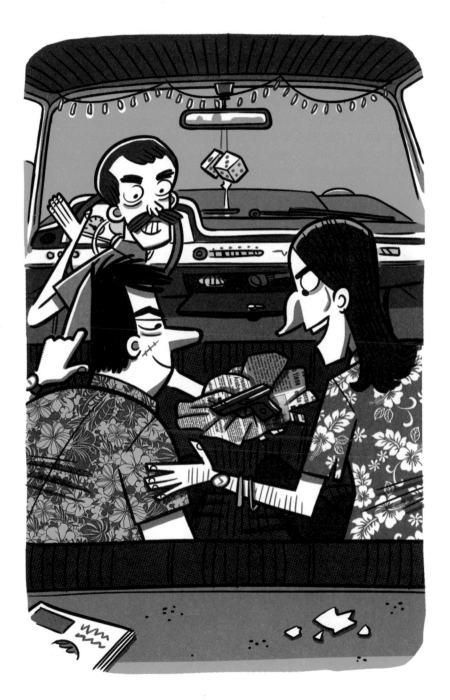

—¿Tienen ustedes el dinero? —pregunta.

—¿Eh?

—*Money...* —el hombre del bigote los mira con severidad.

—Oh, sí, el dinero. Déjame ver esto, primero.

Peter coge el objeto que le pasa el taxista. El hombre lo mira con atención. Es una pistola Sturm Ruger LCP. Tom se rasca el brazo izquierdo haciendo mover ligeramente el coche.

—*OKA?* —pregunta finalmente el taxista.

—*Yes, it's OK!* —responde Peter, mirando la pistola—. Pequeña, ligera, moderna... ¡Ja, ja, ja...!

Tom saca unos cuantos billetes de la cartera y se los da al hombre del bigote.

CAPÍTULO 5

—Ve a ver el Capitolio, *m'hijito*. Es muy bonito. Y luego sigue, el museo de la Revolución que no está lejos... —Caridad está en la cocina, preparando yuca con mojo[1].

—Gracias... —dice Robert, mostrando un libro que tiene en la mano—. Aquí mapa...

En ese momento, entra Yulaimy en la cocina.

—Me voy —dice la chica—. Tengo clase de teatro.

—Acompaña a tu primo hasta el Capitolio[2], mi amor —le pide su madre.

—Gracias —dice Robert.

—Vamos, Robert.

Cuando bajan la escalera, un chico y una chica están subiendo. Son Sergio y Laura. Yulaimy no los conoce, pero los saluda.

—¿Ustedes son los gallegos que están con Odalys? —pregunta la chica.

—¿Gallegos? No, somos de Barcelona —dice Sergio sorprendido.

—Sí, somos nosotros —responde Laura que sabe que los cubanos llaman "gallegos" a todos los españoles—. ¿Sois nuestros vecinos?

—Sí, soy Yulaimy. Él es Robert, un gringo que está de visita.

—¡Hola! —dice este con su peculiar acento inglés— Yo no gringo. Yo inglés. Mi madre cubana.

Yulaimy ríe.

---

1 **yuca con mojo:** plato típico cubano, a base de yuca (tubérculo parecido a la patata) cocinada con una salsa hecha con aceite, ajo, sal, pimienta y limón.
2 **Capitolio:** el Capitolio Nacional de La Habana, de fachada neoclásica, es uno de los edificios más importantes y bonitos de la ciudad.

—Es mi primo —explica. Pero para Yulaimy, Robert es un gringo, no su primo.

—¡Hola! —dice Laura— Yo soy Laura.

—Y yo Sergio —se presenta el chico.

Cuando Laura y Sergio entran en la casa, los padres de Odalys están escuchando música en la radio. El padre está sentado en una vieja butaca y la madre está limpiando la habitación. Es una habitación pequeña, con un viejo sofá, una mesita con un viejo televisor y una nevera en una esquina.

—¿Qué tal con Miguelito? —pregunta Odalys.

—¡Guay! Ha sido muy interesante... —contesta la chica.

En este momento el móvil de Laura empieza a sonar.

—Ahora te cuento —dice la chica buscando el móvil en su bolso.

Es Mónica quien la llama. Está con Guille y Martín. También están de vacaciones en La Habana, en un hotel, con los padres de Guille, pero hoy han ido a pasar el día a la playa, en Varadero.

Se lo están pasando muy bien en la playa, nadando. El agua del mar allá es muy azul y transparente.

Después de hablar un rato con cada uno de sus amigos, Laura y Mónica quedan al día siguiente por la mañana en la terraza del hotel Parque Central. Mónica está muy emocionada porque hay un chico cubano que le gusta.

CAPÍTULO 6

Cuando llegan delante del Capitolio, Yulaimy dice:

—Míralo, es igual que el Capitolio de Washington.

—Bueno, *not exactly*... —dice Robert.

—Sí, ¡de verdad...! —insiste la chica.

Cuando Yulaimy se aleja, Robert mira el Capitolio, que ahora es la sede de la Academia de Ciencias y del Museo de Historia Natural. Luego continúa caminando por la avenida Martí (paseo del Prado para los cubanos) hasta llegar al teatro García Lorca. Pasado el teatro, a la izquierda hay una calle estrecha y en la esquina, un hotel. Es el hotel Inglaterra, que tiene una terraza en la calle. Allí, algunos extranjeros están sentados tomando un refresco. Se sienta en la terraza y pide una cerveza. Se distrae viendo pasar a la gente. Finalmente llama al camarero y paga.

Cuando sale de la terraza entra en la calle estrecha y sigue recto. Una chica muy bonita está hablando con dos chicos, sentada en el portal de una casa. Al verlo, se levanta y se acerca a él.

—¿Dónde vas, guapo? —pregunta.

—Hola, eh...

—¿English?

—*English? Oh, yes.*

—Yo estoy estudiando inglés, mi amor. *How are you? Do you like a* mojito[1]? —dice la chica pronunciando con dificultad y con un fuerte acento cubano.

—¿Mojito? Ah, sí...

A la derecha de la calle hay un bar. Se entra bajando por unas escaleras pequeñas. Está algo oscuro en su interior.

---

[1] mojito: cóctel cubano, a base de ron, azúcar y hierbabuena.

En la calle un policía discute con unos hombres.

La chica y Robert entran en el bar.

Robert, de pronto, se para. Ha visto algo en el interior del bar. O a alguien. ¡No puede ser!

—¿Qué pasó, mi amor? —pregunta la chica.

En la barra hay dos extranjeros, tomando un mojito. Uno es alto, lleva el pelo largo. El otro es más bajo y gordo.

¡Peter y Tom! ¿Qué hacen en la Habana? ¡Robert no se lo puede creer!

—*I have to go* —dice. Y sale del bar precipitadamente.

—¡Muchacho! —exclama la chica— ¿Qué le pasa a este ahora?

Robert corre por la calle. Mira hacia atrás pero nadie le sigue. Continúa caminando rápido hasta llegar al parque Central. Se sienta en un banco y mira hacia la calle estrecha. No ve ni a Peter ni a Tom.

Un grupo de niños con uniforme escolar están reunidos alrededor de su maestra. Están dando la clase al aire libre.

Robert está confuso. ¿Qué está pasando? Finalmente saca su móvil. Una voz responde en inglés.

—*Boss!* —dice Robert— *We have got a problem.*

Robert le explica a Boss que ha visto a Tom y Peter en la Habana. Boss ríe. Robert no entiende nada.

—¿Por qué te ríes? —le pregunta en inglés, asustado.

Boss ríe y ríe. Luego le pregunta a Robert:

—¿De verdad crees que iba a repartir el dinero de la joya contigo? Yo he enviado a Peter y Tom a Cuba. Van a matarte.

—Pero Boss, ¿vas a repartir el dinero de la Estrella Azul con ellos?

—¡Ay, Robert! A ellos los detendrán por tu asesinato, ¿no lo entiendes?

—Pero yo tengo la joya —dice Robert.

—¡Ja, ja, ja...! —ríe Boss—. Tú solo tienes una copia de la Estrella Azul. Tu joya es falsa. Yo tengo la auténtica.

Ahora Robert lo entiende. Él forma parte de una peligrosa banda de ladrones que ha robado una famosa joya. La banda está formada por Boss, que es el jefe, Robert, Pedro (Peter) y Tom (Tomás). Todos viven en Nueva York, aunque solo Boss es americano.

Boss no quiere repartir el dinero de la joya con sus colegas y prepara un plan. Envía en secreto a Robert a Cuba (Robert es de origen cubano) con la joya escondida en la maleta. Le dice que él irá más tarde a buscarlo, pero primero acabará[2] con Peter y Tom. Pero en realidad, les dice a Peter y Tomás que Robert ha huido con la joya a Cuba y los envía a matarle y a recuperar la joya. Sin embargo, la joya de Robert es falsa. Boss tiene la auténtica.

2 **acabar:** aquí con el sentido de "matar".

CAPÍTULO 7

—Bueno el mojito, huevón.

—No está mal, pinche.

—Huevón, ¿por qué vas vestido así? —le pregunta Peter a Tom.

—Como los turistas americanos, pinche —responde este.

—Pero tú no eres gringo, huevón, tú eres chileno.

—Y tú, ¿por qué vistes así? Tú eres mexicano.

Tom bebe de su copa y la deja en la barra para rascarse el brazo izquierdo.

—Como tú, huevón, como tú.

—Yo no soy mexicano.

—No. Yo visto como tú, huevón. Yo también soy gringo. Vivo en *New York*.

—Otro mojito, por favor —le pide Tom al camarero.

Después de beber algunas copas más, Peter dice:

—Nos vamos...

—¿Nos vamos ya? —pregunta Tom.

—Tenemos negocios. *Bussines!*

—¿Negocios, pinche? —pregunta Tom sorprendido.

—Claro, huevón. ¿No te acuerdas de nuestro amigo Robert? Tenemos algo para él.

Peter estira los dedos pulgar e índice y exclama:

—¡Pum!

—No hay prisa, pinche —dice Tom—. Robert puede esperar...

—Sí, claro, claro. Además, él no sabe que estamos aquí.

—¡Ja, ja, ja...! Sí, Robert puede esperar... Camarero, otro mojito...

CAPÍTULO 8

—¿Ya de vuelta? —pregunta Julito cuando ve que Robert entra en la casa.

—Ay, mi amor, ¿qué te pasa? ¿Estás enfermo? —Caridad se asusta al ver la cara del chico. Está muy pálido, casi blanco.

—No, no —responde Robert—. *Problems, problems!* Yo ir.

—¿Y adónde vas a ir, *m'hijto*?

Robert entra en su habitación y mete sus cosas en la maleta, con prisas. No quiere perder ni un minuto.

Se despide de Caridad y Julito, que están en casa.

—¿Y Yulaimy? —pregunta luego, cogiendo su maleta.

—Ahorita[1] llega de la clase... —contesta Caridad.

—Gracias —se despide Robert—. *I must go! Sorry!*

Cuando baja por las escaleras se encuentra con Yulaimy.

—Robert, ¿adónde vas? —pregunta la chica al verlo bajar con la maleta— ¿Estás bien?

—No, no bien. *I'm leaving.*

—Pero...

—*Listen, Youlaimy. I must go* —Robert saca algo del bolsillo—. *This is for you.*

—¿Qué es? —pregunta la chica— ¡Uau! Es un collar con una joya preciosa. ¡Qué hermosa, muchacho!

—Es falsa, *but it is beautiful*, bonita.

---

1 **ahorita**: diminutivo de "ahora", pero su significado es "dentro de un rato".

CAPÍTULO 9

—¡Odalys, sal un momentito! —Yulaimy llama a la puerta de su vecina.

—¿Qué hay, Yulaimy? —pregunta Odalys saliendo de la casa.

Las chicas bajan por la escalera y se sientan en un peldaño.

—¡Mira, mira! —Yulaimy le enseña el collar con la joya.

—¿Qué es esto?

—Ya ves, un collar con una joya preciosa.

—¿Es auténtica?

—No, pero parece de verdad. ¿Te gusta?

Odalys toma la joya en sus manos y la mira.

—¡Es preciosa! ¿De dónde la has sacado?

—Me la ha dado mi primo.

—¿El inglés?

—Sí, Robert. Mira, te la cambio por los jeans.

—¿Qué voy a hacer yo con una joya tan vistosa[1]?

—Ya... —Yulaimy está pensando.

Las chicas piensan.

—La gallegita. La gallegita te la comprará... —dice Odalys.

—Sí, buena idea. ¿Cuánto le puedo pedir?

—30 CUC te los da, seguro...

—30 CUC es mucho. No la comprará. ¿Por cuánto me vendes los jeans?

—20 CUC, mi amor.

—Te doy 10. Seguro que la gallegita paga 10 por el collar.

—15 CUC y no hablemos más[2]. Ahora ella está en la casa.

—Vamos a hablar con ella.

---

1 **vistosa:** que atrae mucho la atención por su forma, colorido.
2 **no hablemos más:** trato hecho.

CAPÍTULO 10

Peter y Tom caminan por la calle Amargura. Tienen mala cara.

—¡Pinche, qué dolor de cabeza! —dice Tom.

—¡Qué resaca[1], huevón!

—¿Estamos cerca?

—Sí, ya llegamos. Amargura esquina Aguacate. Mira, este es el portal.

Tom y Peter se paran en la esquina.

—Vamos a estudiar la situación... —dice Peter.

Un hombre y una mujer salen del edificio hablando entre ellos. Pasado un rato, nadie más sale del edificio.

—¿Y ahora, qué? ¿Qué hacemos?

—Pinche, vamos a preguntar.

—¿A quién?

—No sé, pinche, no sé —contesta Tom rascándose el brazo izquierdo.

Peter muestra su pistola Sturn Ruger LCP.

—¿Por qué no entramos en la casa y "hablamos" directamente con él? —pregunta Peter acariciando su Sturn Ruger LCP.

—No sé, pinche. Es peligroso, en la casa hay gente...

Algunas personas pasan por su lado caminando por la calle.

En este momento una chica joven y guapa sale del edificio.

—Mira la huevona —dice Tom, señalándola.

—Chula[2], la chamaca[3] —contesta Peter.

La chica se acerca donde están ellos y pasa por su lado. Los hombres la miran con una sonrisa. De repente Tom da un salto.

---

1 **resaca**: malestar que se padece tras beber demasiado alcohol.
2 **chula**: bonita.
3 **chamaca**: en México y Cuba, niña, chica.

—¿Has visto, Peter? —dice abriendo los ojos como platos.

—¡No puede ser...! —exclama este.

La chica lleva en el cuello... ¡el collar con la joya!

—¡Es la Estrella Azul!

—¿Qué hacemos, pinche?

—La seguimos...

—¿Seguro que es la Estrella Azul?

—Seguro, huevón. ¿No la viste?

La chica es alta y rubia, con el pelo largo. La joya le queda muy bien. Peter y Tom esperan un momento y luego empiezan a seguir a la chica.

Un hombre y un niño entran en un portal a su derecha. Un joven pasa por su lado en bicicleta. Los dos hombres ahora están cerca de Laura. En este momento no pasa nadie por la calle.

—Ahora no hay nadie —dice Peter—. ¡Vamos! Sin hacer ruido.

—Tu le agarras los brazos y yo le quito el collar —propone Tom.

—¡Y a correr, compadre[4]!

—¡A correr!

Los hombres se acercan a Laura sin hacer ruido.

—¡Ahora! —dice Peter.

Laura está pasando por delante del portal de un edificio. De repente, sale un chico de allá. Tom alarga la mano para agarrar a Laura cuando el chico sale del portal.

—¡Bonito collar! —exclama acercándose a Laura.

—Sí, muy bonito.

De repente, Tom está mirando con atención el tejado del edificio que tiene delante, mientras Peter busca con mucho interés algo en el suelo.

—¡Maldita sea, Peter, maldita sea! —exclama Tom cuando la chica ya se ha alejado un poco acompañada del chico.

Empiezan a andar detrás de la chica. Tom se para un momento y mira a Peter.

—Pinche, ¿qué estabas buscando en el suelo, ahora mismo?

4 **compadre**: en México, amigo, compañero.

—Nada, huevón. ¿Y tú qué mirabas en el tejado del edificio?

Tom se rasca el brazo izquierdo.

Laura ha entrado en el museo Nacional de Bellas Artes. El museo es un edificio grande, cerca del Parque Central.

—¿Y qué hacemos ahora, pinche?

—Esperamos.

—¿Esperamos? ¡Por el amor de Dios, pinche!

—Todo lo que entra sale, huevón.

Tom y Peter miran disimuladamente hacia la puerta del museo. La gente pasa por su alrededor. Poca gente entra o sale del museo. Cuando llevan más de una hora, Tom está impaciente.

—¿Y si entramos a ver qué?

—Espera, huevón. La chamaca es culta y se está instruyendo.

—¿Y si hay otra puerta y se ha ido?

—Espera un poco más, huevón, no te impacientes.

Tom se rasca el brazo izquierdo.

En aquel momento sale del museo un chico joven, con gafas, que lleva una cámara de fotografiar en la mano. El chico se dirige a su izquierda y camina hasta pasar al lado del avión expuesto en la calle, delante del museo de la Revolución.

Pasa media hora más y solo han salido del museo dos personas.

—Tú espera fuera, pinche. Yo entro, a ver si la veo.

—Entra pues, huevón.

Tom mira a un lado y a otro de la plaza y empieza a caminar.

—¡Espera! Por ahí viene la chamaca.

—Sí, es ella —responde Tom rascándose el brazo izquierdo.

—Disimula⁵, que viene hacia aquí.

Los hombres disimulan. La chica pasa cerca de ellos.

—Pinche, ¿has visto?

—¿Qué?

—¡No me lo puedo creer!

—¿Y el collar? ¿No lleva puesto el collar?

5 **disimular**: fingir, actuar de un modo que no parezca sospechoso.

—No, no lo lleva.

—¿Lo ha perdido, la chava?

—O se lo ha dado a alguien...

—Pensemos, quizás lo lleva en el bolso.

—Sigámosla, a ver.

—Le agarramos el bolso y esta vez no fallamos.

—¿Y si no está en el bolso?

—Tiene que estar en el bolso, huevón.

La chica tuerce a la derecha hasta llegar a la terraza del hotel Parque Central. Saluda a una chica que ya está en una mesa. Esta se levanta y abraza a Laura. Luego se sientan. Cuando llega el camarero Laura pide un refresco.

La otra chica se llama Mónica. Es un poco más baja que Laura. Tiene el pelo negro y lo lleva corto. Laura y Mónica son muy amigas, y les gusta hablar a solas, sin los chicos.

—Para, Huevón, le agarramos el bolso. Está distraída hablando con su amiga. No se dará cuenta.

—Eso, pinche.

—Y si no está el collar, se lo devolvemos.

—Así no sospecha, pinche —dice Tom rascándose el brazo izquierdo.

—Eso, huevón, así no sospecha.

Mónica quiere hablar con Laura porque hay un chico cubano que le gusta. Están hablando entusiasmadas y no se dan cuenta de que un hombre bajito pasa por el lado de su mesa.

Tom está esperando a Peter sentado en un banco del parque Central.

—Aquí está el bolso, huevón —dice Peter al llegar a su lado.

—Vamos a ver, pinche. Vamos a ver que hay por aquí...

Los hombres abren el bolso con impaciencia y empiezan a sacar cosas: un pañuelo, un portamonedas con dinero, un espejito, unas llaves, un teléfono móvil, una foto de un hombre de mediana edad y de su mujer...

—¿Y el collar, pinche?

—No lo veo, huevón. ¿Lo ves tú?

—Aquí no está el collar.

—¡Maldita sea!, y ahora, ¿qué hacemos?

Tom se rasca el brazo izquierdo. Después de hablar del chico cubano, Laura explica a Mónica su visita al santero. Y después le habla del collar que le ha vendido Yulaimy.

—¡Es un collar precioso! —explica Laura.

—¿Y quién es Yulaimy? —pregunta Mónica.

—La chica de la casa de al lado.

—¡Déjamelo ver! —pide Mónica.

—No lo llevo encima. Se lo he dado a Sergio, en el museo. Todo el mundo se paraba a decirme algo del collar.

Tampoco esta vez las chicas ven como un hombre bajito pasa por su lado y deja el bolso de Laura al lado de esta.

—Tendremos que "platicar⁶" con ella... —dice Tom, mirando la terraza del hotel desde el otro lado de la calle.

—Vamos a la terraza, a escuchar de qué hablan —propone Peter.

Cuando se despiden las chicas, quedan por la tarde a las cuatro, en el mismo lugar, con los chicos. Martín y Guille han ido con los padres de Guille a visitar la fábrica de tabaco. Y Sergio continúa sacando fotos de la ciudad y de su gente.

6 **platicar**: en Latinoamérica, hablar, conversar.

CAPÍTULO 11

—La calle ahora está vacía. ¡Vamos!

Laura entra en La Habana Vieja, el casco antiguo de la ciudad, y camina observando sus magníficas casas con portalones. Está contenta, sus vacaciones son muy agradables. Le gusta la familia que los acoge, y también le gusta pasar ratos a solas con Sergio. Sonríe. De repente siente un objeto duro en sus costillas.

—¡Quieta, pendeja! —dice una voz desagradable a sus espaldas.

Tom y Peter están detrás de Laura y la amenazan con la pistola.

—Vamos a "practicar" un poquito, niña —dice Tom agarrándola del brazo.

—¿A practicar qué, huevón? —pregunta sorprendido Peter.

—¿Practicar qué, pinche?

—Has dicho "practicar".

—Yo no he dicho "practicar".

—Sí lo has dicho, huevón.

—He dicho "platicar", pendejo, "platicar".

Laura no sabe qué hacer. Tiene mucho miedo.

—Vamos, acá, ¡al portalón! —ordena Peter.

Laura ve que se acerca gente por la calle. Si entra en el portalón con los hombres está perdida.

Empieza a gritar.

—¡Socorro! ¡Socorro!

—Que te calles, pendeja —ordena Peter apretando la pistola contra las costillas de la chica.

—¿Qué pasa aquí, muchacho? —pregunta un hombre saliendo de un portalón.

—Nada, compadre, aquí platicando con la niña —contesta Peter, escondiendo la pistola.

Laura se vuelve y le da una patada[1] en la pierna a Peter. Luego sale corriendo.

—¡Ay! —grita el hombre dando saltitos— ¡Uy, ay!

—Ustedes no están platicando —insiste el hombre.

—¿Qué pasa, Antoñito? —se acerca un hombre con bigote.

—Que esos desalmados[2] estaban agarrando a la muchacha.

—Que no, compadre, que no. ¡Que yo les explico! —dice Peter todavía dando saltos.

—¿Qué pasó aquí? —algunas personas se han acercado y rodean a Peter y Tom.

—No sé, unos hombres agarraron a una muchacha...

—¡Ay! ¡Dios mío! —exclama una mujer mayor.

—Pinche, ¡qué mal momento hemos pasado!

—¿Quién dijo que no había nadie en la calle, huevón?

—No había nadie, pinche, no había nadie. No sé de dónde salieron —Tom se rasca el brazo derecho. Peter lo mira con severidad.

—¿Qué? —pregunta Tom.

—¿Qué pasa?

—¿Qué pasa qué?

—¿Que qué pasa?

—¿Quééé?

—Tu brazo.

—¿Mi brazo?

—¿Ahora te rascas el brazo derecho?

—No, pinche, no. Bueno, sí. Por variar.

1 **patada:** golpe que se da con el pie.
2 **desalmado:** cruel, inhumano, mala persona.

CAPÍTULO 12

Caridad está en la casa, hablando con una vecina de ventana a ventana. De repente oye a Julito que la llama.

—Están llamando a la puerta —dice este.

La mujer va a abrir.

Hay dos hombres delante de ella. Uno es alto, lleva el pelo largo y gafas de sol. El otro es bajito y tiene una cicatriz en la cara.

—¿Sí? —pregunta la mujer.

—Buenos días, señora —dice el hombre alto de las gafas de sol y el pelo largo.

—Buenos días —dice también su compañero, el hombre bajo de la cicatriz en la cara.

—Buenos días —contesta la mujer que los mira con curiosidad.

—Mire usted, que estamos de visita aquí, en Cuba, y nuestro hermano Robert... —explica el hombre alto del pelo largo.

—¡Y qué sorpresa! También él está de vacaciones en La Habana —dice el hombre bajito de la cicatriz en la cara.

—¿Está en casa en estos momentos? —pregunta el hombre alto rascándose el brazo izquierdo.

—No, ya no está —contesta la mujer—. Ayer por la tarde se fue. Dijo que tenía que irse. Una mala noticia, ¿sabe?

—¿Una mala noticia?

Cuando Yulaimy llega a casa y sube la escalera, ve a dos hombres que bajan hablando entre ellos.

—¿Y ahora qué hacemos, pinche?

Los hombres pasan por su lado sin verla.

—Mami, ¿quiénes eran esos hombres? —pregunta la chica entrando en la casa.

—Venían a buscar a Robert. ¡Qué raro! ¿no?

CAPÍTULO 13

Son las cuatro de la tarde. Laura y Sergio llegan puntualmente a la terraza del hotel Parque Central. Mónica, Martín y Guille ya están sentados en una mesa tomando un refresco.

Después de ser asaltada por los dos hombres, Laura ha ido corriendo hasta su casa. Le ha explicado a Odalys lo que le ha pasado. La chica se ha preocupado mucho. Luego ha llegado Sergio y han estado hablando un rato todos juntos.

—Es raro, estas cosas no pasan aquí —ha dicho Odalys.

Después Laura ha llamado a Mónica para explicarle lo que ha pasado. Luego deciden continuar hablando con los chicos por la tarde en la terraza del hotel.

—¿Cómo estás, Laura? —pregunta Guille al verla.

—¿Estás bien? —pregunta a su vez Martín.

—Sí, estoy bien —contesta Laura—, pero ahora tengo miedo de salir a la calle sola...

—Pero, ¿qué ha pasado? —pregunta Guille.

—Pues iba por la calle y de repente alguien me ha puesto una pistola entre las costillas...

—¿Has visto la pistola? —le interrumpe Guille.

—No, no la he visto, pero seguro que era una pistola. Había dos hombres y uno me ha dicho: "Entra aquí", señalando un portalón, pero ha llegado un hombre de no sé dónde y yo he empezado a gritar, y el hombre...

—¿El mismo hombre? —interrumpe de nuevo Guille.

—No sé si era el mismo hombre u otro, Guille, pero ha empezado a salir gente no sé de dónde y yo me he escapado...

—Y, ¿qué querían esos hombres?

—No lo sé...

—¿Eran cubanos?

—No lo sé, creo que no, uno le llamaba al otro "huevón".

—Entonces son chilenos —interviene Sergio—. Allá todos se llaman "huevón" o "huevona".

—¿Y te has defendido? —pregunta Guille.

—A uno le he dado una patada en la pierna.

—¿Y no te han robado?

—No, no me han robado. No sé que querían...

Después de hablar un rato, la conversación cambia a los días de Mónica, Martín y Guille en Varadero, con los padres de Guille. Los padres de Guille acompañan a los chicos en sus vacaciones en Cuba. Martín ha disfrutado nadando en las aguas azules y transparentes del mar. Ha visto muchos peces hermosos bajo el agua.

—No le has dicho nada a tus padres de lo que me ha pasado, ¿verdad, Guille? —pregunta de pronto Laura.

—No, no. Claro que no.

Los padres de Guille son muy protectores y se preocupan mucho por todo.

—Voy un momento al lavabo— dice Mónica cogiendo su bolso.

CAPÍTULO 14

La habitación de Yulaimy es una habitación pequeña, con una ventana que da a un patio interior. En la habitación hay una cama, un armario viejo y una silla. La chica está tumbada en la cama escuchando música de la radio. Canta siguiendo la música y baila moviendo los brazos. Al darse la vuelta, ve un periódico en el suelo, entre la cama y la pared. Lo coge. Está en inglés. Seguramente era de Robert.

De repente, algo le llama la atención. ¡No se lo puede creer!

Se levanta y sale de casa con el periódico en la mano. Llama a la puerta de su vecina.

—Pasa, Yulaimy, pasa —le dice Odalys—. Vamos a mi habitación.

Cuando llegan a la habitación de Odalys, Yulaimy le enseña el periódico a Odalys.

—Mira... —le dice.

—¡Oooooh!

—Odalys, ¿ese collar de la foto, con la joya, no es el que me regaló Robert?

—¡Sí, es igual, muchacha!

—Pues mira que dice —Yulaimy traduce al español—: "Espectacular robo de la joya llamada La Estrella Azul". Y mira aquí qué dice: "Está valorada en un millón de dólares..."

—Entonces —Odalys abre los ojos como platos[1]—, ¿tu primo te regaló una joya que vale un millón de dólares y, además, robada?

—Ay, no sé, Odalys. Según él, no era auténtica, es una copia.

—Pero él, ¿por qué se fue tan de repente?

—Y además parecía asustado...

[1] **ojos como platos**: ojos muy abiertos debido a algún hecho que causa sorpresa.

—Entonces... ¿tu primo Robert robó esta joya?

—No lo sé. Es que no puedo entenderlo. La verdad es que parecía auténtica.

—Entonces, ¿por qué te la regaló?

—Y los amigos que vinieron a buscarle...

—¿Vinieron unos amigos a buscarle?

—Sí, uno alto, de pelo largo y otro bajito, con una cicatriz. Daban miedo.

—¡Ay, ay, Yulaimy...!

CAPÍTULO 15

Cuando Mónica se levanta para ir al lavabo, suena el móvil de Laura. Es Odalys, que le dice que Yulaimi quiere hablar con ella.

Yulaimy le explica la noticia del periódico, le habla de Robert, de la visita de los dos hombres...

—¡Qué me dices! ¡Es increíble! —exclama Laura.

—No sé qué pensar —dice después de escuchar las explicaciones de Yulaimy—. ¿Sabes? Hablo con los chicos y te llamo de nuevo.

Laura deja el móvil sobre la mesa.

—¿Qué ha pasado? —pregunta Martín con curiosidad.

—¡No os lo vais a creer! —Laura está sorprendida y asustada, aunque con sus amigos se siente segura.

—¿Quién era?

—Era Odalys, pero...

—¿Has hablado con Odalys?

—No, con Yulaimy, la vecina, amiga de Odalys.

En aquel momento un camarero se acerca a la mesa.

—La muchacha que está en la *toilette* la llama —le dice el camarero a Laura.

—¿Mónica? Ya voy... Ahora os explico, —dice a los chicos levantándose—. ¡Qué fuerte[1]!

—¿Pero qué pasa? —pregunta Guille.

Laura entra en el bar del hotel y busca los lavabos. Se dirige a la barra[2] para preguntar al camarero. Dos hombres están sentados a

---

1 ¡Qué fuerte!: coloquial, expresión con la que se indica que algo causa una gran impresión por algo bueno o por algo malo.

2 barra: mostrador de un bar o comercio.

la barra tomando un café. Uno es alto y lleva el pelo largo. El otro es bajo y... algo le pasa a su cara. ¡Es una cicatriz!

En ese momento Mónica sale del baño y se dirige a la mesa donde están sus compañeros, sin ver a su amiga.

—¿Dónde está Laura? —pregunta.

—¿Por qué? ¿Pasa algo?

—Ha ido al baño a buscarte porque la has llamado.

—Yo no la he llamado.

—¿No le has dicho al camarero que...?

—¿Yo? Yo no he hablado con ningún camarero.

—Voy a ver —dice Sergio levantándose. Está preocupado y asustado.

—Voy contigo... —dice Mónica.

Laura de repente comprende. Los hombres se levantan y se acercan a ella. Ella retrocede. Ahora empieza a entender todo. Lo que le dijo Miguelito de los hombres peligrosos, la joya hermosa que le ha vendido Yulaimy por 15 CUC, el primo de Yulaimy que le regala la joya a esta, y se marcha asustado, los hombres que han ido a buscar a Robert, uno alto y el otro...

Laura quiere volver a la mesa, pero los hombres están en la puerta, mirando distraídamente hacia algún lugar.

Laura está asustada. Mira a su alrededor y ve el lavabo de mujeres a su izquierda. Entra en la *toilette*. A la derecha está el lavabo, con un espejo encima. A la izquierda una puerta que da al váter y delante, una ventana. Laura la abre. La ventana da a un patio interior. Salta por la ventana y cruza el patio interior. Hay un muro y unas cajas en el suelo. Laura se sube a las cajas. El muro da a una calle. Laura salta el muro y empieza a correr por la calle.

—Vamos, huevón, allá la tenemos —Peter y Tom siguen a Laura al lavabo de las mujeres. Pero allá no hay nadie. Ven una ventana abierta y desde allí ven como la chica salta un muro y desaparece.

—Vamos, que se nos escapa...

—¿Ha visto a la chica que...? —pregunta Sergio al camarero de antes.

—Entró en el lavabo.

Sergio y Mónica corren al lavabo de señoras.

—Aquí no está —dice Sergio.

—Voy a ver en el váter —Mónica abre la puerta pero no hay nadie.

—La ventana —dice Sergio.

La ventana está abierta. Sergio ve a dos hombres que están saltando el muro.

—Por allí van. Están saltando el muro.

—Rápido, vamos, sigámosles —dice Mónica.

CAPÍTULO 16

Después de correr durante diez minutos, Laura no sabe dónde está. Cree que está en Centro Habana, pero todas las calles le parecen iguales.

Mira hacia atrás, pero no ve a los hombres. Seguramente los ha despistado[1]. Ahora continúa andando, mirando hacia atrás de vez en cuando. En la calle hay gente y se siente más segura. Quiere llamar a sus amigos por el móvil, pero no lo lleva encima.

Le parece que ya ha estado antes en la calle por la que pasa. Sí, le resulta familiar. Mira el nombre de la calle en la placa. Calle Soledad. ¡Es la calle de Miguelito, el santero!

Impaciente, busca la casa de Miguelito y llama a la puerta. Mira hacia atrás pero nadie la sigue. Una mujer abre la puerta.

—Pero, ¿qué pasó, mi amor? —dice la mujer al ver la cara de la chica.

—¿Es... está... Miguelito? —pregunta Laura casi sin poder hablar.

—Pasa, *m'hijita*, pasa...

Laura se pone a llorar.

—¿Qué pasó? —pregunta Miguel al llegar.

—Los hombres... —Laura apenas puede hablar entre sollozos.

—Explícame.

—Me siguen.

—¿Te han seguido hasta aquí?

—No lo sé...

—Yanet, prepárale una infusioncita a la muchacha...

—Ahora mismo —contesta Yanet. Yanet es la mujer de Miguelito.

—Bueno, ahora siéntate y me lo explicas todo desde el principio —dice el santero.

1 despistar: hacer perder la pista, escapar de alguien que te persigue.

CAPÍTULO 17

Sergio y Mónica salen por la ventana del lavabo de chicas al patio interior y después, saltan el muro y salen a una calle estrecha. Miran hacia la izquierda y hacia la derecha y a su derecha ven dos hombres que corren. Ellos empiezan a correr también detrás de ellos.

—Huevón, ¡cómo corre la niña!
—¡Venga Peter, venga!, que se nos escapa...
Un rato después los hombres se paran. Están jadeando[1] y sudados.
—Pinche, ¿tú la ves?
—No, huevón, no. ¿No ha girado por esta calle a la derecha?
—No pinche, que ha girado a la izquierda.
Una moto con sidecar pasa por la calle y gira delante de ellos.
Peter y Tom miran a su alrededor. En un lado de la calle hay un coche antiguo con el capó levantado y un grupo de hombres están trabajando en el motor.

—Se paran... —dice Sergio al ver a los dos hombres que miran a un lado y otro de la calle.
—Parémonos nosotros —dice Mónica, jadeando. Están a unos treinta metros de distancia de los hombres.
—Creo que la han perdido —dice Sergio.
—Sí, no saben qué hacer... —Mónica está contenta.
—¿Qué hacemos ahora? —pregunta Sergio.
—Esperamos y llamamos a Martín y Guille.

---

1 jadeando: respirando con dificultad debido a un esfuerzo físico.

Después Mónica mira a Sergio.

—¿Qué está pasando, Sergio? —pregunta la chica, asustada.

—No lo sé. Todo esto es muy raro.

Mientras, los hombres...

—Pinche, ¿seguro que no vamos cada vez peor?

—Que no huevón, tiene que haber tomado esta calle.

—¿Sabes? Paremos a pensar... Tengo un "sentimiento[2]"...

—¿Un "sentimiento"?

—Sí, un "sentimiento". Disimula.

Peter mira hacia arriba. El cielo se está nublando.

—No, pinche. Mira hacia atrás, con disimulo.

Peter mira hacia atrás.

—Escondámonos... —dice Tom. Los hombres se esconden detrás de un coche—. ¿Ves a esos chicos?

Mónica y Sergio están ahora hablando por el móvil.

—Sí, son los amigos de la chamaca.

Desde allí, Tom y Peter ven que los chicos acaban de hablar por teléfono y la chica guarda el móvil. Después los chicos miran a su alrededor.

—Lo ves, pinche. Han quedado con ella. Solo tenemos que seguirlos.

—Si ya han quedado, ¿a qué esperan?

—A que llegue la huevona, pinche.

De repente se levanta un viento fresco.

—¿Dónde están los hombres? —pregunta Sergio después de hablar con Martín y Guille por el móvil.

—Los hemos perdido —Mónica mira a su alrededor. Los hombres no se ven.

—¿Seguro que sabrán llegar?

---

2 **sentimiento**: coloquial de presentimiento, sensación de que va a suceder algo que se ha pensado antes.

—¿Martín y Guille? Sí, hemos paseado mucho por estas calles.

—¿Qué hacemos ahora? —pregunta Mónica.

—Esperarlos, y luego, volver a buscar.

Algunos grupos de niños con uniforme escolar pasan por la calle con sus padres. Un cocotaxi[3] pasa delante de ellos y gira por una calle a la derecha. Sergio piensa que en La Habana no se ven palomas.

—Y Robert, pinche, ¿qué ha pasado con él?

Peter y Tom han salido de detrás del coche y se han acercado a Sergio y Mónica, escondiéndose detrás de otro coche, un coche antiguo, de los años 50. Los chicos no les pueden ver.

—No sé, huevón —contesta Peter.

Tom piensa, llevándose la mano al brazo izquierdo.

—Y entonces, ¿cuándo lo matamos? —pregunta.

—No lo matamos.

—¿No lo matamos?

—No lo matamos, huevón, no lo matamos.

—Pero, Boss...

—Mira, huevón. Agarramos a la chica, nos dice dónde está la joya, o directamente nos la da. Luego, ¡pum, pum! —dice juntando los dedos en forma de pistola—. Así no habla. Y nos vamos a mi país. Allá conozco gente que nos compra la joya. Y Boss que nos espere.

—Eso, ¡que nos espere! —repite Tom.

---

[3] cocotaxi: motocicleta semicubierta por una carrocería redondeada que le da forma de coco (de ahí su nombre). Funciona como taxi para dos pasajeros en Cuba.

CAPÍTULO 18

Suena el móvil de Laura, que Martín y Guille habían recogido del bar. Martín y Guille están corriendo por la calle. Martín contesta.

—Soy yo, Laura— oye la voz de su amiga.

—¡Laura! ¿Dónde estás? —contesta Martín sin dejar de correr.

—¿Dónde estáis vosotros? —pregunta la chica.

—Vamos a buscar a Mónica y Sergio, que han salido corriendo detrás de los hombres.

—¡Mira! —dice Guille— ¡Allá están!

—Pásame a Sergio, por favor.

—Ahora llegamos.

—¡Sergio, Mónica! —gritan Martín y Guille.

Sergio y Mónica se giran y ven a sus amigos.

—Laura, te paso a Sergio —dice Martín pasando el móvil a Sergio.

—¿Lo ves, pinche? —Tom se rasca el brazo izquierdo.

Peter y Tom continúan escondidos detrás de un hermoso coche de los años 50. Se inclinan para esconderse, y para disimular, empiezan a atarse los zapatos, escuchando lo que dicen los chicos.

Sergio está hablando.

—¡Vale! En cinco minutos estamos allá —dice el chico—. Sí, recuerdo bien el lugar, Soledad esquina San Lázaro. Vamos todos. ¡Ve con cuidado, Laura!

—¿No te decía yo, pinche, que tenía un "sentimiento"? —Tom está contento. Mira a Peter sonriendo.

Los cuatro amigos van corriendo por la calle. De repente Sergio se para.

—No, no es por aquí. Creo que me he equivocado.

Después de un rato, Sergio ve que se ha equivocado otra vez de calle.

—No es por aquí, tampoco.

—Preguntemos —propone Mónica.

—Por favor, ¿la calle Soledad esquina San Lázaro? —le pregunta Guille a un hombre que pasa por allí.

—Por allá, muchacho. Todo recto, la segunda es la calle Soledad. Dobla a la derecha y llegas a San Lázaro.

—Muchas gracias, señor.

Los chicos empiezan a correr de nuevo. Cuando llegan a la calle Soledad, giran a la derecha. Al final llegan a una calle más ancha. Enseguida ven a una chica alta y rubia, con el cabello largo, que mira impaciente de un lado a otro. Es Laura.

—¡Laura! —grita Guille. Pero están demasiado lejos y la chica no le oye. Además, por esa calle pasan bastantes coches y el ruido es más fuerte.

Los chicos se acercan. Laura se vuelve y mira en dirección a sus amigos. En este momento un coche de color azul para delante de Laura. Un hombre bajo y un poco gordo sale del coche y tapándole la boca a la chica, la obliga a entrar.

Todo ha sido muy rápido.

—¿Y Laura? —pregunta Guille.

—¡Allá, en el coche! —dice Martín.

—¡Son los hombres!

Sergio no lo piensa más y para un coche. Es un taxi, que tiene que frenar bruscamente para no atropellarlo[1].

El chico abre la puerta del taxi y sube. Martín le sigue.

—Siga a ese coche, por favor— grita Sergio.

---

[1] atropellar: pasar precipitadamente un vehículo por encima de alguna persona o animal, causándole heridas graves o inlcuso la muerte.

—¡Ah!, hermano, ¿es una persecución? —pregunta el taxista, divertido.

—Es una cuestión de vida o muerte.

—¡Allá vamos, compadres!

El taxi acelera y se pone detrás del coche azul.

Mientras en el coche azul...

—Huevón, ya la tenemos —dice Peter a Tom.

—¡Mmmm...! —Laura intenta soltarse del hombre que la sujeta.

—¡Para, niña! —grita Peter.

Laura abre la boca y muerde la mano del hombre.

—¡Ay!

Se oye el sonido del claxon de un coche que va detrás de ellos. Es un taxi que se acerca y quiere adelantarlos.

—¡Rápido, taxista, rápido! —grita Sergio.

El coche azul seguido del taxi gira a la izquierda y entra en el Malecón[2]. Se oyen sonidos de bocinas y gritos de conductores.

—¡Deprisa, taxista, por favor, más deprisa! —grita Sergio desde el asiento de atrás.

—Muchachos, ya los tenemos a tiro.

En el coche azul, Tom conduce a gran velocidad. Peter suelta la mano que sujeta a Laura. La chica agarra a Tom por el cuello. Tiene mucho miedo y no sabe lo que hace.

—¡Quita, huevona! —grita Tom.

De repente, una bicicleta aparece delante del coche. Tom gira el volante y se sube a la acera[3]. Laura siente que el coche se mueve descontroladamente y se sube a la acera. Después siente un golpe, oye un gran ruido y luego silencio. Después oye gritos de la gente.

---

2 **malecón**: en Latinoamérica, paseo marítimo.

3 **acera**: superficie pavimentada para uso de personas a pie o peatones. Usualmente se sitúa en ambos lados de la calzada.

Un grupo de cubanos y turistas ha tenido que salir corriendo para no ser atropellados. Laura abre la puerta del coche y sale. Se ha dado un golpe en la cabeza, pero no le duele.

La gente rodea el coche. Los hombres salen despacio. Tom va cojeando⁴. Tom y Peter miran a su alrededor.

—Pero, muchacho —le dice un hombre de unos 40 años a Tom—, ¡ten más cuidado cuando conduces!

Peter saca su pistola.

—¡Fuera! —grita apuntando a la gente—. ¡Apártense!

Tom va dando saltos. Le duele la pierna.

Sergio y Martín bajan del taxi. Sergio se acerca a Laura y la lleva al taxi. Martín se acerca por detrás a Peter y le hace una llave de judo, inmovilizándole. La pistola cae al suelo.

En aquel momento llega un coche de la policía. Mónica y Guille llegan corriendo al paseo del Malecón y ven el accidente del coche. Corren hasta el lugar donde está el coche accidentado. Un grupo de personas rodea el coche.

Se abren paso entre la gente.

De repente oyen una voz a sus espaldas.

—¡Guille!

Guille se vuelve sorprendido.

—¡Mamá!

—¡Hijo! ¿Has visto? Voy a ver qué ha pasado.

—¡Guille, Mónica! —es el padre de Guille que se acerca seguido de un hombre y una mujer—. Guille es mi hijo —les explica el padre— y Mónica una amiga.

Poco después vuelve la madre de Guille.

—¡Qué emocionante! La policía perseguía a unos atracadores que han chocado con el muro del Malecón. Ellos han salido del coche con una pistola, pero un chico lo ha inmovilizado y...

---

4 **cojear**: caminar con dificultad debido un dolor en una de las piernas.

—Mamá, nos vamos. Nos esperan los otros —le interrumpe Guille.

—Sí, hijo, id con cuidado, ya veis las cosas que pasan.

Después la madre de Guille le explica a la pareja amiga:

—Es mi hijo. Él y sus amigos están de vacaciones con nosotros. Se lo están pasando muy bien.

—Sí, nosotros también —dice su marido—. Son unas vacaciones muy tranquilas.

CAPÍTULO 19

Al día siguiente los amigos van a pasear por el Malecón. Ahora están tranquilos. Laura y Sergio se han quedado a dormir en el hotel donde se alojan sus amigos y los padres de Guille. Han estado hablando toda la noche de la aventura tan emocionante y peligrosa que han vivido.

Se levantan tarde y desayunan. Luego salen a pasear por el Malecón. A los chicos les gusta mucho ese paseo.

Después miran un rato el mar en silencio.

Han decidido no explicar nada a los padres de Guille. ¡No quieren que se acaben las vacaciones!

—¿Una llave de judo al hombre de la pistola? —dice Mónica bromeando— ¡No me lo creo!

—¡Pero es verdad! —insiste Martín.

Martín les ha explicado lo de la llave de judo al hombre bajito de la pistola, pero sus amigos no le creen.

—Aunque en realidad, ¡qué importa! —dice el chico después. Está contento. Sonríe recordándolo.

—Oye, por cierto, ¿y la joya? —pregunta Mónica de repente— Quiero verla.

—No la tengo. La tiene Sergio.

—¿Yo? —exclama el chico sorprendido.

—Sí, te la di[1] en el museo. ¿No te acuerdas?

—¿En el museo? ¡Ah, sí! La tengo aquí, en el bolsillo[2] de la chaqueta. A ver... ¡Aquí está!

1 **di**: pasado del verbo "dar".
2 **bolsillo**: saquito de tela cosido a una abertura en la ropa, destinado a guardar pequeños objetos.

Los chicos se acercan para mirarla.

—¡Guau! ¡Qué bonita! —exclama Mónica— ¿De verdad es falsa?

—Parece auténtica.

—A ver, a ver. ¡Déjame ver! —dice Guille.

—¿Cómo se llama? —pregunta Martín.

—Estrella Azul.

Los chicos miran el collar con la joya.

—Y ahora, ¿qué hacemos con la joya? —pregunta Laura.

¿Quieres leer más?